Birgit I. Hartl

Widersprüchliches zum Nachdenken für Freunde und Feinde
und für
Dich

Impressum:
Herstellung und Verlag
BoD – Books an Demand,
Norderstedt
ISBN 9783 756 828 784
November 2022
Copyright an allen Texten und Bildern:
Kunst vom Hof

www.kunstvomhof.de
kaha.bsb@t-online.de

Dieses Buch ist auch als E-book erhältlich

Wahllose Lyrik

und ein ganz
klein wenig
Prosa

Band 3

Karin Hartel

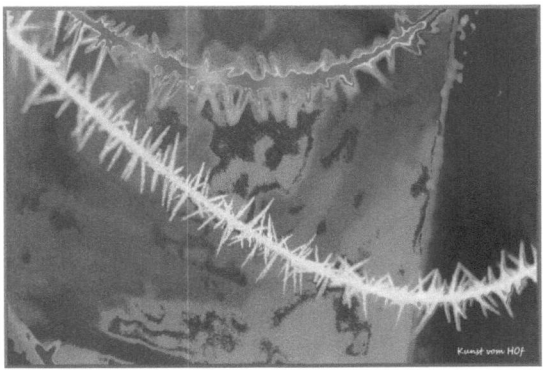

Von A bis Z

Buchstabenspielereien
Wortfindungsversuche
Sätze, die das Leben schrieb
Geschichten frei erfunden
Bilder aus der Seele
und dem Gartenreich

Karin Hartel
will erzählen
Dir, dem Leser,
dem sie so gerne
persönlich
vorlesen würde

Jahrgang 1961
Elektromeisterin i.R.
Schriftstellerin i.W.
Frau, die schöne Bilder macht

Abenddank

Das ist so schön,
dieses Finden von verwandten Seelen.
Wir sind doch eins im Herzen und im Geist.
Ich spinn wohl rum, an diesem guten Abend,
doch war der Tag so wunderbar,
dass ich nur lachen kann und
dankbar "Amen" sage.

**Alles ist Segen,
wenn man es
aus dem richtigen
Blickwinkel betrachtet.**

Abgeheftet

Abgeheftete Gefühle
der Vergangenheit.

Schwarz Gedrucktes
auf weißem Papier.

Real erlebtes Vielschichtiges
komprimiert in einer Akte.

x-(* 3 *)-x

Türe zur Knechtskammer

Alles im Griff

Befreiend, begreifend
die grifflose Tür öffnend

Nichts mehr im Griff haben
Öffnung erfolgt
aus dem Nichts

Ganz im Augenblick
ganz Kind
kurz vor der Bescherung

Beschenkt sein von dem
was immer sich
hinter der Tür verbirgt

x-(* 5 *)-x

Alles was du willst

Geschichte einer seltsamen Ehe

Er war nicht gutaussehend, noch nicht einmal besonders nett, als sie ihn zufällig traf. Doch er hatte was.
Sie spürte, dass er sie erobern wollte.

Da ihr Prinz auf seinem blöden, weißen Gaul nicht aufgetaucht war, nahm sie halt diesen Verehrer. Besser den Spatz in der Hand, als die Taube auf dem Dach? Besser den kleinen Dicken, als gar keinen Mann!

Und sie brauchte einen Mann, denn sie träumte von vier Kindern, einer Villa im Grünen und seltsamerweise von einem taubenblauen Porsche 911.
Im Spaß hatte sie ihm von ihren Lebenszielen erzählt. Er nahm das

x-(* 6 *)-x

ernst. So wie er anscheinend alles ernst
nahm, was sie von sich gab.
Erzählte sie ihm, dass sie gelbe
Teerosen liebt, schenkte er ihr gelbe
Teerosen bis zum Abwinken.

Er gab sich harmlos und willig, las ihr
jeden Wunsch von den Augen ab,
beziehungsweise, hörte genau hin, was
sie an Wünschen äußerte.
Sie kannten sich erst drei Monate,
als er ihr einen Antrag machte.
Einen seltsamen Antrag, auf seine ganz
eigene persönliche Art.

Mit roten, sehr langstieligen Rosen,
stand er eines Abends vor ihrer Tür.
Sie bat ihn in das Haus ihrer Eltern, dem
man ansah, dass hier keine armen Leute
wohnten.
Mit einer Verbeugung überreichte er ihr
den wunderbar duftenden

x-(* 7 *)-x

Blumenstrauß, nahm eine demütige Haltung ein und begann seine Rede, die so gar nicht zu der Körperhaltung passte:

„Du weißt, dass ich viel für dich empfinde, deshalb stelle ich dir heute eine Frage, die ich nur dieses eine, einzige Mal stellen werde. Willst Du mich am 23.Juli heiraten?"

Ihr verschlug es die Sprache. Klar wollte sie heiraten, aber so schnell? Sie kannten sich gerade mal 90 Tage an diesem 21.März, Frühlingsanfang.

Fragend schaute er sie an. Ein NEIN wollte er nicht riskieren: „ Ich weiß, dass kommt überraschend, aber ich habe meine Gründe. Gute Gründe, glaub mir. Überlege es dir.
Ich komme morgen wieder."

x-(* 8 *)-x

Sie entspannte sich etwas und lächelte ihn glücklich an.

„Dann freu ich mich auf morgen Abend. Kommst Du zum Essen?"

Eigentlich hatte er damit seine Antwort schon. Essen in diesem Haus bedeutete, dass er ihren Eltern vorgestellt würde.

Das war so gut wie ein JA.

Der nächste Abend kam. Auch wenn sich die Eltern wunderten, ließen sie sich einwickeln von diesem zielstrebigen Mann, der schon ein eigenes Geschäft besaß und glaubhaft erzählen konnte, wieso gerade sein Trockenbaunternehmen eine große Zukunft vor sich habe.

x-(*   9 *)-x

Ganz nebenbei erwähnte er die alte Villa in der Vorstadt, die er gerade gekauft hatte. Ein gewinnbringendes Objekt, wenn er sie in seiner Freizeit renovieren würde , um sie dann wieder zu verkaufen.

Sie sprang sofort auf den, an ihr vorbeirasenden, verrückten Zug.

„Darf ich mir die Villa einmal ansehen?"

Und auch der Vater bekundete Interesse, denn ein Anlageobjekt sei in diesen unsicheren Zeiten immer von Vorteil.
Man verabredete sich für das kommende Wochenende. Nur die Mutter spürte, dass da etwas nicht stimmt. Doch es blieb bei diesem unbestimmten Gefühl.

x-(* 10 *)-x

Nach dem Essen ließen die Eltern, die jungen Leute alleine. Sie wollten einen Verdauungsspaziergang machen.

Das war seine Gelegenheit. Kaum dass die Haustüre ins Schloß fiel, stand er auf, nahm sie in die Arme und küsste sie leidenschaftlich.

Das hatte sie ihm gar nicht zugetraut. „So, nun habe ich Kraft um deine Antwort zu ertragen." Er spielte den, der ein NEIN erwartete, verblüffend gut.

Sie aber hauchte ihm ein JA ins Ohr. Weit riss er seine himmelblauen Augen auf und starrte sie fassungslos an. So leicht hatte er sich den Eroberungsfeldzug nicht vorgestellt. Eine leichte Röte überzog seine Wangen.
Sie dachte, vor Verlegenheit,

er wusste, die Aufregung kam von dem überwältigenden Erfolg, seiner sorgsam überlegten Strategie.

„Aber, aber ich habe Deinen Ring noch nicht dabei."
„Das macht gar nichts." Lachend ging sie in die Küche und holte eine Flasche Champagner aus dem Kühlfach. Sie hatte ja gewusst, dass es heute noch etwas zu feiern geben würde.

Als die Eltern eine knappe halbe Stunde später zurück kamen, lag das Kind im Brunnen. Die Mutter schob ihr Bauchgefühl weg, freute sich, dass man sie fragte, wie man eine kleine Verlobungsfeier gestalten sollte.
Dass sie auch das WANN bestimmen durfte, gab ihr ein Gefühl von Sicherheit.
Junge Leute die fragen, waren mehr als angenehm.

x-(* 12 *)-x

Sie war von ihrer Tochter gewohnt, dass die bestimmte, was in ihrem Leben geschah. Die Wahl des Urlaubszieles, zum Beispiel, hatte stets ihr einziges Kind getroffen, so lange sie gemeinsam Urlaub machten.

Die Anschaffung des Hundes, der übrigens den Verehrer seines Frauchens gar nicht leiden mochte, war auch die Entscheidung der Tochter gewesen.

So kam ein Schwiegersohn, der sie, die Mutter um Rat fragte, sehr recht. Der sprach gerade schon wieder von der alten Villa, erbat den Rat des zukünftigen Schwiegervaters für das Projekt, der gar nicht merkte, dass er schon im Boot saß, bevor er das Objekt überhaupt gesehen hatte.

Ob, die Geschichte weiter geht? Im nächsten Band der Wahllosen Lyrik, dem Band mit dem Hirschkäfer.

x-(* 13 *)-x

Ausgeliefert

Ausgeliefert das Bestellte
pünktlich auf die Minute
Ausgeliefert das Gute
erwartet
mit Selbstverständlichkeit

Ausgeliefert dem System
der Verlässlichkeit
Ausgeliefert dem Druck
erzeugt
vom funktionierenden Staat

Paketaufkleber

x-(* 14 *)-x

Absturz eines Universums

Mein Tagesplan ist dahin.
Die Sonne, die mich weckte versteckt
sich nun hinter grauen Wolken.
Den Tag wollte ich im Garten
verbringen, doch kaum hatte ich
mein Frühstück auf dem alten,
wurmstichigen Holztisch bereitet,
trübte sich der Himmel ein.

Nun erfüllt der gelbe Sonnenschirm
zwar nicht seine ursprüngliche Aufgabe,
doch er schützt mich vor den
Regentropfen, die vom
Himmel fallen.
In die wärmende Wolldecke gehüllt
betrachte ich die kurzlebigen
Wunderwerke aus Wasser.

x-(* 15 *)-x

Die Zeit steht still für diesen Moment.
Mein Blick, alle Gedanken und Gefühle
wenden sich dem einen Tropfen zu.
Dem, der beschlossen hat, am Rand des
Sonnenschirms hängen zu bleiben. In
diesem Tropfen spiegelt sich meine
kleine Gartenwelt, und auch ich bin
darin gefangen.

Gefangen?   -   Nein!

Verkleinert, verzaubert und geborgen
fühle ich mich darin und - zeitlos.
Ist es mein Wimpernschlag, der dies
minimierte Universum
zum Absturz bringt?

Interessiert betrachte ich, wohin der
rasante Sturz den Tropfen bringt
und lache, als zeitgleich mit dem
Auftreffen dieser winzigen
Wasserbombe, ein Regenwurm

x-(* 16 *)-x

aus seinem erdigen Tunnel
hervorschnellt.
Elegant bewegt er sich über die Erde,
während der Wassertropfen
in dieser aufgeht.

Meine Aufmerksamkeit richtet sich nun
vollständig auf dies Wunderwesen:
Schweinchenrosa und geringelt wie die
rutschende Strumpfhose von Pippi
Langstrumpf.

Sie würde verstehen mit welcher Freude
ich eintauche in das Gefühl
ein Wurm zu sein.
Mit all meinem Denken und Fühlen
krieche ich hinein in das längliche
Wesen, bei dem man nur in der
Bewegung weiß wo Anfang und Ende
ist. Oder schlängelt er sich rückwärts
und nur ich meine,
dass sein Kopf vorne ist?

Gott sei Dank hat mir die weise Mutter
Natur viel Fantasie geschenkt, und so
reise ich, während mein Körper ganz
still sitzt, in die Wunderwelt der Erde.
Muss noch kleiner werden als der
Wassertropfen, in dem ich mich gerade
befand.
Muss vergehen,um reisen zu können.
Aus der Welt des Wassers
wechsle ich ohne Widerstand
in die Welt des erdigen
Gartenbodens.

Genieße
und bin ganz ich,

Keramikwundertier im Garten Öhm

ganz Tropfen, **ganz Wurm.**

Begegnung

Wenn du glaubst,
alles zu kennen,
wenn du meinst,
das dunkelste Tal
gesehen zu haben,
geschehen Wunder,
begegnet dir Neues
auf jeder Ebene.

x-(* 19 *)-x

Dein Brief hat mich erreicht,
so viele Blätter voller Zeichen.
Was für ein Wunder,
die entziffern zu können,
lautlos, zeitenunabhängig
Unterhaltung zu führen
in gemeinsamer Sprache.

Da wir auf einer Ebene sind,
verstehe ich, was Du mir
damit sagen willst.
Und auch das Blatt,
das unbeschriebene
es spricht zu mir.

Das herbstlich trockne
Blatt vom Ahornbaum,
erzählt mit klaren Linien
von seinem Leben,
seinem Sterben,
mit mehr Verstand,
als wir es manchmal tun.
für Amina Anja Amelal

x-(* 20 *)-x

Blick in die Ferne

Da saß eine Amsel
im dornigen Strauch,
ich saß dahinter,
im wirren Geäst.
Sie blickt in die Ferne.
Ich auch.

Ich folg ihrem Blick,
erkenne die Weite.
Das Boot gleitet leise
durch herrliches Blau.

Wir sind auf der Reise,
gemeinsam?
alleine?

Der Blick in die Ferne,
der ist unser Ziel

Das schöne bunte Bild in Farbe
findest Du im Blog www.kunstvomhof.de/
Blick in die Ferne

x-(* 21 *)-x

Betrachtung

Sehe Dich,
sehe ihn
sehe Euch

Sehe Eure Liebe
in jedem Blick
in jedem Quantum
Zwischenraum
der zwischen Euch
knistert

Blaues Licht

Blaues Licht
Feenschweif
im Buchenlaub

Scheinwerfer
auf Unendlichkeit
Märchenhafte Stimmung

x-(* 22 *)-x

Begegnung

Einmal nur bin ich ihm begegnet
einmal nur sprachen wir uns an
einmal nur kreuzten sich die Wege
einmal erkannte ich
den Bruder in ihm
an seinem Blick

Was Wertvolles ist geblieben
von der Begegnung -
- der Glaube ans Glück -

Corona

Corona macht uns
weder besser noch schlechter,
aber die Pandemie
zeigt charakterliche Schwächen
deutlicher auf.

x-(* 23 *)-x

Coronaruhe

(2021)

Da sitze ich in meinem Garten
und keiner kommt.

Man traut sich nicht mehr
unter Leute.

Obwohl genug Abstand
möglich ist
vereinsamt man
in der Natur.

Kultur verändert durch die Ruhe
sich selbst und uns.

Was tragen wir da nur zu Grabe?
Ist es die reine Menschlichkeit,
die da verwest in ihrem Sarge?

x-(* 24 *)-x

Danke

Danke sagen
für alles
für alles Gute
für alles Lehrreiche

für jeden
für jeden Tag
für jeden Mensch

Danke sagen sofort
für alles Mögliche
und sogar Unmögliche

Das Echo
des Dankes
ist leise
aber
schön

x-(* 25 *)-x

Durchblick

Durchblick schaffen
Fenster putzen
Klar beobachten
die Fülle des Lebens
im Garten

Durchblick schaffen
Schreibtisch entmüllen
Mutig wegwerfen
die Überfülle
der To-do-Listen

Durchblick schaffen
in den Spiegel schauen
Ehrlich die Falten begrüßen
die so hart erkämpften

x-(* 26 *)-x

Die Bestellung

Babette hielt die Bestellung der
alten Kundin in der Hand:
Löschpapier
Was um alles in der Welt sollte
das sein? Was meinte die alte Frau?

Außerdem hatte sie Tintenpatronen für
ihren alten Pelikan angefordert.
Was war das?

Hatte sie einen Vogel, einen großen,
weißen Vogel mit einem mächtigen
Schnabel?

Wollte sie das Tier erschießen?
Aber wofür das Löschpapier?

Babette googelte die beiden Begriffe
und begriff.

x-(* 27 *)-x

Eins sein
Alle Teile einsammeln und gesunden lassen

Keramiktorte
www.Sinnterieur.de
Haus voller schöner Dinge

x-(* 28 *)-x

Eins sein
kann ich nur
wenn ich komplett bin.

Komplett bin ich nur
wenn alle meine Teile
bei mir sind.

Wo habe ich Teile
von mir verloren ?
Wann habe ich mich verloren?

Wie sammle ich es ein
das Verlorene, Verschenke,
Vergessene?

Indem ich vergebe?
Vergebe und vergesse?

x-(* 29 *)-x

Festhängen
Halt finden
Berührung
genießen
Loslassen
frei sein
schwebend
weiterfliegen

x-(* 30 *)-x

Flohzirkus

Floh, gemeiner
du kleiner.
Wunderwerk
an Stabilität,
Sprungkraft
und Bißfestigkeit.

Wenn ich dir
Achtung zolle,
suchst du dir
dann ein Opfer
anderswo?

Freunde

Freunde in der Not
sind in guten Zeiten
nicht immer
die besten Begleiter

Fassungsloses Staunen

Erwarte nichts,
erhalte viel,
teile.
Teile nicht alles.

So viel Freude

Was kann herrlicher sein,
als mit Geschenktem
um sich zu werfen?
Den treffen, der dies oder jenes
gerade wirklich braucht.

x-(* 32 *)-x

Freiheit

Alles will frei sein,
auch wenn es tief
verwurzelt ist.

Gelungener Tag

Ihr Tag war gerettet, der Tag vor
dem sie so viel Angst gehabt hatte,
dass ihr die Nachtruhe abhanden
gekommen war.
Ihr Tag war gerettet, nachdem ihr der
Hund übers Gesicht geleckt hatte mit
der tiefrosa Zunge.
„Ja, ich komme ja schon und
öffne dir die Tür, du Wildling. „
Unbändige Freude des Tieres,
als ob sie weg gewesen wäre für
eine lange Zeit.
Ob man des nachts wirklich im Traum
auf Reisen geht, in unglaubliche Welten?
Ob sie nur träumte, schlaflos gewesen
zu sein? Der Hund, ein Tier das niemals
lügt, der musste es wissen. So wie er sie
begrüßte, war sie auf Reisen gewesen.
Weit weg, auf einem anderen Stern.

x-(* 34 *)-x

Sie gab den Vögeln Futter und frisches Wasser, räumte auf was sie am Abend achtlos hingeworfen hatte, stocherte im Abfluß des Küchenspüle, damit die stinkende Brühe die sich dort gesammelt hatte, verschwinden konnte. Ein Blubb und die Entleerung vollzog sich leise. Sie starrte hinein in die Bewegung.

Im Moment gab es nichts Wichtigeres als Sauberkeit. Die Küchenspüle sollte glänzen wie ein Babyarsch.
Wo kam dieser – unmögliche – Ausdruck nur her.
Der Hintern eines Babys glänzte doch nicht. Sie dachte mit Grausen an den Hintern ihrer Nichte, der sie als Baby ein paar mal die vollgekackten Windeln hatte wechseln müssen.

Eine Edelstahlfläche zu reinigen bis sie glänzt und dabei an einen vollgekackten Babypopo zu denken, brachte sie zum Lachen. Was für Gegensätze hielt das Leben bereit.

Damals, ja damals hätte sie leben können, die Welt stand ihr offen. Siebzehn Jahr, blondes Haar, so stand sie vor mir. ..... Sie summt den Schlager und stellt sich die Reihe von jungen Männern vor, die ihr dies Ständchen brachten an ihrem siebzehnten Geburtstag. Sie hatte die Wahl und griff voll in die Kacke.

Es war der Verkehrte den sie erhörte, der sie heiratete und zur frühen Witwe machte. Das war gut so, denn er war kein guter Mann gewesen. Zum Glück gab es nichts Lebendiges, das er hinterlassen hatte. Kein Kind, das Teil von ihm gewesen wäre.

x-(* 36 *)-x

Sie hatte sich von ihm beschimpfen lassen, wegen ihrer Unfruchtbarkeit und heimlich die Pille genommen.

Manchmal trauerte sie den Kindern nach, den nicht geborenen. Doch nur in den Momenten, in denen sie vergaß, dass es auch seine Kinder gewesen wären.

Ja, wenn der nette Postbote mal Zeit gehabt hätte und zum passenden Moment der Fruchtbarkeit da gewesen wäre. Von dem lustigen Blondschopf wäre sie gerne schwanger geworden. Sein Kind auszutragen wäre keine Last gewesen, da war sie sich ganz sicher.

Andächtig betrachtete sie das Ergebnis ihres Tuns: die Küchenspüle glänzte wie ein Spiegel. Es gluckerte und aus dem Abfluß drückte sich eine stinkende, schleimige Masse zurück in

das glänzende Becken. Der Nachbar
hatte auf die Kloospülung gedrückt.

Sie schob den Einhebelmischer nach
rechts. Ganz heiß würde das Wasser in
das Becken laufen. Sie stocherte wieder
mit dem langen dünnen Draht im Ablauf
der Spüle. Blubb und der Dreck
verschwand wie von Zauberhand, von
magischen
Kräften aufgesaugt.

Der Hund kratzte an der Balkontür,
wollte wieder ins Warme, zu ihr.
Morgen würde sie den Hausbesitzer
anrufen. Er sollte sich kümmern um die
verstopften Abflußrohre des Hauses.

Sie holte die Zeitung herein und grüßte
den Nachbarn freundlich,
der zum Brötchenholen ging.

x-(* 38 *)-x

Bild gefunden, im abgesägten Baum

Einsame Hoffnung

Einsam,
weggesperrt,
doch frei im Denken,
erwarte ich dich.
Dein Stuhl
er ist schon da.
Noch eingeklappt.
Platzhalter,
für traute Zweisamkeit.

Foto: Rosel Aepkers

Leere

Ganz leer werden
um eine neue Fülle
erleben zu können.

Ganz leer werden
um die Fülle
annehmen zu können,
die man erbittet.

Liebe

Ohne Liebe
kann man leben,
überleben.

Ohne Zärtlichkeit
kann man fühlen
Die Leere fühlen.

x-(* 41   *)-x

Messerscharfe Liebe

Kein Tag vergeht
an dem ich nicht an dich denke.

Keine Nacht endet
ohne von dir geträumt zu haben.

Unscharf das Bild im Erwachen
doch bist du mir unendlich nah.

Messerscharf der Schmerz der
Trennung
eine Wunde die nie verheilt.

Erlösung wäre Versöhnung
Versöhnung bräuchte Vergebung.

Wie vergeben die Qual
die durch Liebe erzeugte?

x-(* 42 *)-x

Lebensfragen

Was ist mein Leben?
Was ist mein Leben wert?
Was macht mein Leben wertvoll?
Was macht es noch wertvoller?

Wie lebe ich?
Wie lebe ich richtig?
Wie lebe ich richtig gut?
Wie lebe ich bis
zum Ende gut?

Wer lebt mit mir?
Wer lebt gerne mit mir?
Wer überlebt mich?

x-(* 43 *)-x

Montagmorgen

17.12.2018, kalt und trüb

Was fang ich an mit diesem Tag?
Wie gebe ich ihm Struktur?
Ich teile ihn in Stunden,
fülle den Stundenplan
mit dem was ich
müsste, könnte, sollte.

So füll ich ihn mit Pflichten.
Kein Raum bleibt für Freiheit,
für süßes Nichtstun.

Doch so kann ich nicht leben.
Also streiche ich,
von jeder Stunde Tätigkeit
zehn Minuten .

Zehn Minuten zum Träumen.
So wird der Tag ein Gedicht
und lebenswert.

x-(* 44 *)-x

Minimalismus
im Überfluss

Leben im ungewollten Mangel
war gestern.
Heute ist Völlerei
im Minimalismus angesagt.

Heute werde ich ganz
viel Nichtstun,
mich auf morgen freuen,
denn im Terminkalder
steht:
NICHTS

x-(* 45 *)-x

Neugeboren

Wie neu geboren fühl ich mich,
in meinem neuen Kleide.
Es ist genau für mich gemacht
und kleidet mich umwerfend.

Ja, so muss Kleiderkaufen sein,
voll Leidenschaft und Freude.
Der Blick zum Preis ist mir verwehrt,
man will es mir ja schenken.

Danke Anette für das kleine Graue
und den pinkfarbenen Pullover.

Kunst vom HOf

Offenheit der Sonnenblume

Offen zeigst Du Dich,
in Deinem Strahlen,
in Deinem strahlenden Gelb.

Offen zeigst Du Dich,
und verbirgst doch Deine Früchte,
bis die Natur Dir Einhalt gebietet
und Du preisgeben mußt,
was an Wert in Dir steckt.

Foto: Angela Bartels

Kurzbesuch
bei Pippi Langstrumpf

Als ich bei ihr ankomme, begrüßt sie mich wie eine alte Freundin.
„Hast du auch so einen Mähdrescherhunger?"
„Klar." ,sage ich und merke, dass ich wirklich Hunger habe. Es gibt Butterbrot mit Zucker.
Die Wurst reicht sie mir ohne Brot.
Der Käse liegt als großes Stück auf dem Tisch. Lachend beugt sich die Rothaarige nach vorne und beißt ein Stück von dem würzig duftenden Käse ab. „Der Käse gehört eigentlich den Mäusen, deshalb darf man nur dran nagen." Gehorsam probiere ich es und es macht sauviel Spaß. Käsenagen ohne Hände.

x-(* 48 *)-x

„Bist Du müde?“

„Ja, die Reise war ja lang.“

„Gut, du darfst in meinem Bett schlafen oder ist dir die Hängematte lieber?“

„Na ja, das Bett wäre mir wirklich lieber.“ Doch als ich in das, an Seilen hängende Bettgestell anschaue, schaudert es mich. Alles ist schmudelig, speckig.

„Hast Du frische Bettwäsche ?“

„Klar, aber die muss auf links gedreht werden, bevor Du sie aufziehst.“

„Warum das denn?“

„Damit sie länger sauber bleibt. Ich kann dann für den nächsten Gast die richtige Seite benutzen. Das ist doch ökotrophologisch - oder wie das heißt.“

Tja so ist das, wenn man seinen Kindheitstraum besucht und in der Realität ankommt.

x-(* 49 *)-x

Ein paar Jahre später:

Pippi Langstrumpf trägt jetzt Hosen,

*ihr Haar ist rötlich-grau,
die Muskeln sind erschlafft.
Sie stemmt kein
Pferd mehr in die Höhe,
schiebt den Rollator mit Bedacht.*

Positiv denken , negativ bleiben.

Bernd Mescher 2022
In Zeiten von Corona

x-(* 50   *)-x

Im Prozess

Im Prozess des Schaffens
aufgehalten zu werden,
ist gefährlich.

Verlust droht,
das Ergebnis ist gefährdet.

Der Schaffende steckt fest
in einer ungeliebten Position,
die auch was Gutes
haben kann.

Die Quotenfrau

Anna nippt an ihrem Rotwein und fährt zärtlich mit der Hand über den Arm der Freundin, die ihr mehr ist, als es ein Mann je sein könnte. Emilia ist ihr Vater und Mutter, Partner und Freundin, Vertraute und Mutmacherin.

„Du schaffst das!", hat sie ihr gerade ins Ohr geflüstert.

„Ja, ich schaffe das, wenn du mir hilfst."

Die Langzeittherapie würde Zeit, Mut und auch viel Geld kosten, denn die Krankenkasse übernimmt diese Art von Therapie nicht.
Ja, wäre Anna Opfer von sexueller Gewalt gewesen, da gibt es einen

x-(* 52 *)-x

Hilfsfond, der vermutlich die Kosten übernehmen würde. Aber in ihrem Fall, da es sich **nur** um religiösen Missbrauch handelt, gibt es keine Anlaufstelle für Geschädigte.
Sind es zu wenige, die den Weg aus den Zwängen diverser, fanatischer Sekten suchen? Wird Religion immer noch verharmlost?

Egal. Anna wird es schaffen, denn sie hat ein Gegenüber. Der Preis ist hoch. In jeder Hinsicht, denn eine Bedingung der Therapie ist, dass sie für mindestens sechs Monate auf alle Außenkontakte verzichtet, dann für weitere sechs Monate alleine in einen alltagstauglichen Modus findet, um dann erst den Neustart mit ihrer Lebenspartnerin zu wagen.

Geld muss her und zwar schnell, weil der Therapierplatz in der außergewöhnlichen, ja eigentlich einmaligen Einrichtung schnell vergeben sein wird. Die Frauen wissen, wo Geld zu holen ist.

Annas Kindheit

Das blonde, schüchterne Mädchen wuchs in einer heilen Welt auf, bis sie in die Schule kam. Da hatte ihre Welt einen Riss bekommen, ein Fenster zu den Weltmenschen, die dem Untergang geweiht waren, wurde aufgestoßen. Was sie vormittags in der Schule der Weltmenschen lernte, wurde am Nachmittag in der Bibelschule wieder ins rechte Licht gerückt.

x-(* 54 *)-x

Bis zu ihrer Einschulung war es für sie ganz normal gewesen, alle Erwachsenen mit SIE anzusprechen, nur zu reden, wenn sie etwas gefragt wurde und vor allem, demütig zu sein.
Beim Reden hatte sie den Blick auf den Boden vor sich zu richten. Erwachsenen in die Augen zu schauen, war verboten. Als ob sie blind werden würde, wenn sie in das Antlitz des Gegenübers schaute.

Es war genau diese Art, die ihre erste Klassenlehrerin verrückt machte. Es war ihr kaum möglich Kontakt mit dem Kind aufzunehmen, obwohl die kleine Anna stets aufmerksam zuhörte.
Anna war hin und her gerissen, von der netten Lehrerin, die sich in ihr Herz schleichen wollte. Sie hatte gelernt,

dass Weltmenschen und der Teufel das versuchen würden. *„Sie sind sehr raffiniert und tun nur freundlich, bis sie deine Seele im Sack haben."*

So hatte ihr der Onkel Walter das erklärt. Onkel Walter, das war der Nachmittagspädagoge,
der nie eine spezielle Ausbildung genossen hatte.
Wie er die Kinder der Gemeinde zu erziehen hatte, lernte er aus den Dogmen, die ihr Prophet direkt von Gott bekommen hatte.

Wichtig war vor allem, der Gehorsam. Das kannte Anna von ihrem Elternhaus. Die Mutter musste dem Vater gehorchen, so wie dieser dem Prediger gegenüber gehorsam sein musste. Der wiederum unterstand den Ältesten und nur die hatten einen direkten Draht zu der Gottheit von der man sich, als normales Gemeindeglied oder gar als Kind, kein Bild machen durfte.

Es war verboten sich vorzustellen, wie die Gottheit sein könnte.
Auch alle Jesusbilder waren verboten. Innere und äußere. Kruzifixe waren Werkzeuge des Teufels und durften nicht betrachtet werden. Ja, man durfte nicht mal in ihre Nähe kommen.

Alle Weltmenschen waren gefährlich, da auch sie Werkzeuge des Teufels waren. Werkzeuge wie es auch das Fernsehen, das Radio und Zeitungen waren.

In Annas Elternhaus gab es nichts von alledem. Auch keinen Luxus, sondern nur Gegenstände die nützlich waren.

Blumen zum Beispiel gehörten weder auf den Tisch noch auf den Balkon. Sie gehörten auf die Wiese und in den Wald. Dort wo die Gottheit sie von alleine wachsen ließ.

Ihr Papa war Maurer und baute Notwendiges. Mama war Vieles: Putzfrau, Näherin, Köchin, Dienerin der Männerwelt, Kindergebärerin.

Anna hatte vier Geschwister, zu denen sie aber kein Vertrauensverhältnis aufbauen konnte, da es ihre Aufgabe war, die Geschwister zu bewachen und auch nur den Hauch der leisesten Verfehlung der Mutter zu melden.

Die Mutter war auch Spionin, die alles Verdächtige ihrem Mann zu berichten hatte, der sich beim Prediger Rat holte, wie die Bestrafung aussehen musste, wenn eines der Kinder bei einer Verfehlung erwischt worden war.

Schon die Vermutung einer Sünde,
führte zu einem eindringlichen Verhör.

Einmal hatte sich Annas Schwester in
den Garten der Nachbarn geschlichen
um dort, durch das Wohnzimmerfenster
einen Spielfilm zu sehen. Unter Tränen
hatte sie gestehen müssen, dass es die
Teufelsmusik gewesen war, die sie dort
hin gelockt hatte. Die Nachbarn hatten
wohl absichtlich das Fenster weit
aufstehen lassen, um das Kind in
Versuchung zu führen.

Nach dem Vorfall zogen sie weg aus der
Siedlung und dem Elternhaus, dass
schon den Großeltern gehört hatte.

Das Haus wurde verkauft zum Schutz der Kinder und zum Wohle der Gemeinde, denn dort landete der Verkaufserlös.

Sie zogen in die Mietwohnung eines Hauses, dass der Kirche der Bibeltreuen gehörte. Dort gab es weit und breit keinen Fernseher, ja noch nicht mal ein Radio. Dass die Kinder in dem Gemeinschaftsgarten arbeiten mussten, war selbstverständlich.

Es gehörte zu ihren Aufgaben alle Heilkräuter zu kennen, die dort neben dem Gemüse und Obst angebaut wurden. Ausgewählte Bibeltexte und Wissen über die Pflanzenwelt mussten sie auswendig lernen.

Das Auswendiglernen war wichtig, denn der Prophet hatte angekündigt, dass in der kommenden Zeit der Verfolgung, der Feind alles Gedruckte

x-(* 60 *)-x

vernichten würde und nur das Wissen in den Köpfen der Gemeindeglieder überleben würde.

Der Druck, möglichst viel Wissen in sich zu bunkern war groß. Die Kinder überboten sich in der Länge der frei vorgetragenen Texte. Doch es war Sünde, stolz auf das eigene Können zu sein.

Anna hatte das früh begriffen und nie alles vorgetragen, was sie auswendig gelernt hatte. Sie hatte bemerkt, dass die Mutter es genoss, wenn sie dem Kind helfen konnte und so unterbrach sie ihren Vortrag immer dort, wo sie sicher war, dass ihre Mutter ihr helfen konnte.

Der Punkt, als sie feststellte, dass sie mehr wusste als ihr Mutter und manchmal sogar mehr als ihr Vater, war ein Schock gewesen. Doch es gab niemanden mit dem sie darüber reden durfte. Da sie nicht wusste, dass es auch ihren Geschwistern manchmal so erging, hielt sie sich für ein, versehentlich von der Gottheit erleuchtetes Wesen.

Sie sollte ja eigentlich ein Junge sein. Der Vater hatte sich das so sehr gewünscht. Deshalb gab ihr die Gottheit die Leichtigkeit mit der sie lernte, weil sie ja fast ein Junge geworden wäre. Ein Mädchen durfte nicht so schlau sein.

Annas Jugend

Lernen und arbeiten,
beten und Buße tun.

Bald war Anna Klassenbeste. Das Abitur
bestand sie mit einer glatten Eins.
Nichts hatte sie abgelenkt. Stolz waren
die Eltern und ihr zukünftiger Ehemann.
Alles war geplant, als der junge Mann
sich das Leben nahm. Erst viel später
sollte bekannt werden, warum er nicht
leben und vor allem
nicht heiraten wollte.

So wurde Anna sehr jung und noch
unverheiratet schon zur Witwe. Sie
musste Trauer tragen um ihren
Verlobten, dessen Selbstmord innerhalb
der kirchlichen Gemeinschaft als
tragischer Unfall hingestellt wurde.

x-(* 63 *)-x

Da es der Anstand gebot, dass sie wenigstens ein Jahr in Trauer bliebe, bevor sie erneut auf dem Markt der heiratsfähigen Mädchen angeboten wurde, konnte sie auch ein Studium beginnen.

Die Gemeindeältesten hatten entschieden, dass auch sie eine Quotenfrau brauchten, um der bösen Welt zu beweisen, dass sie in keiner Weise rückständig waren.

Anna war vernünftig, ernst und sehr fotogen. Das hatte sie beim Zeitungsbericht über die Abiturbesten bewiesen. Vor allem hatte sie dort brav ihr Bekenntnis abgelegt und die ganze Stadt wusste, dass es in der Gemeinde der Bibeltreuen intelligente junge Menschen gab.

Sie lud ein zum Bibelkreis der Jugend. Neugierige und Suchende kamen.

Einsame junge Menschen, die nach dem Sinn des Lebens suchten. Enttäuschte, die den großen Kirchen den Rücken zugewandt hatten.

Anna Aufgabe war es, die Interessierten vorzubereiten für den ernsthaften Bibelunterricht, den die Gemeindeältesten übernehmen würden, sobald jemand reif dafür war.

Anna glühte vor Begeisterung, dass sie die erste Frau in der Gemeinde war, die von den Männern ernst genommen wurde. Ja, man hörte ihr zu, diskutierte ihre Vorschläge mit Bedacht und erlaubte ihr Neues. Moderne christliche Lieder durften gesungen werden. Alles, was das gemütliche Beisammensein stärkte, ohne die Dogmen der kleinen Kirche zu verletzen wurde – ausnahmsweise – erlaubt.

x-(* 65 *)-x

Es war Zufall, dass Anna ein Gespräch belauschte, als sie in Stille im Vorraum des Gebetsraumes saß, um Kraft zu tanken für die Vorladung, die sie bekommen hatte. Leise und viel zu früh war sie gekommen

Die drei Gemeindeältesten diskutierten lebhaft, wie lange man sie noch gewähren lassen sollte. Man wog ab, zwischen der Wertigkeit der Neuzugänge von Frischfleisch, vor allem Jugendliche aus vermögenden Häusern, die Geld in die Gemeinde bringen würden und der alten Ordnung, die wieder hergestellt werden sollte.

Die Quotenfrau hätte ihre Schuldigkeit getan und man könne sie jetzt ruhig mit dem Witwer Müller verheiraten, damit dessen drei Kinder nicht nur eine gesunde Mutter, sondern noch

x-(* 66 *)-x

möglichst viele Geschwisterchen bekommen könnten.

Aus dem Bibelkreis der Jugend hatte man sogar fünf Menschen bekehren können, die bereit waren sich taufen zu lassen und der kleinen Kirche die Treue schwören würden.

Dass Anna ganz nebenbei ihr Medizinstudium abgeschlossen hatte und schon an ihrer Doktorarbeit saß, schrieben sie dem Umstand zu, dass sie als Unverheiratete nicht ausgelastet war.

Anna hörte und hörte, riss die Augen auf und wollte es nicht glauben. Doch sie hörte die höhnischen Stimmen der Männer, denen sie von Kindheit an vertraut hatte, überdeutlich.

x-(* 67 *)-x

Anna stieg zuerst die Schamesröte ins Gesicht, die aber bald von einer äußerst gesunden Zornesröte abgelöst wurde. Sie stand geräuschvoll auf, trat in den Gebetsraum und baute sich vor den drei Männern auf:

„Danke für die Aufklärung und den neuen Titel, den ich mit Würde tragen werde. Frau Doktor Quotenfrau. Das hört sich doch gut an."

Sprachlos schauten sie drei bebrillte Augenpaare an, deshalb konnte sie aussprechen, was ihr an sündigen Rachegefühlen in den Sinn kam:

„Ihr werdet es bereuen, dass ihr mich benutzt habt. Ich habe euch geglaubt, ich habe geglaubt, dass ihr Gutes tun wollt."

Sie stürmte aus dem Gebäude, dass
eigentlich ihr zweites Zuhause war.

Sie trug ihre Handtasche bei sich, sonst
nichts. Sie nahm sich ein Taxi und fuhr
direkt zu ihrem Doktorvater.

Der wusste Rat.
Zuerst gab er ihr einen Wiskey.
Der erste ihres Lebens. Dann hörte er
ihr zu. Stundenlang sprach sie sich alles
von der Seele, was er mit gefühlvollen
Fragen aus ihr herauslockte. Je mehr
Alkohol sie trank, desto hemmungsloser
berichtete sie von den Demütigungen,
die Frauen auch im Jahr 2015 noch zu
ertragen hatten.

Der Professor hatte nie begriffen, was
mit Anna los war, aber jetzt verstand er
und zog die richtigen Schlüsse.

x-(* 69 *)-x

Anna musste erst mal in Sicherheit gebracht werden. Er rief seine Tochter an, die nur ein wenig älter als Anna war. Die wohnte in Berlin und genoss ihr Leben in vollen Zügen.

Ziemlich betrunken stieg Anna in das Taxi, dass man für sie bestellt hatte. Ein paar Stunden später nahm die Tochter des Professors sie in Empfang.

Anna in Berlin

Der Neubeginn ist schwierig, aber gemacht.

Anna lernt bei Beate eine junge Tierärztin kennen. Wie ein Magnet

x-(* 70 *)-x

fühlt sie sich angezogen von der verwilderten Frau, die so herzlich lachen kann.

Bald zieht sie zu ihr in die freie Wohngemeinschaft mit Garten.

Dort ist sie mit ihren medizinischen Kenntnissen willkommen. Noch willkommener sind ihr umfangreiches Wissen in Heilpflanzenkunde. Das hat sie ja von Kindesbeinen an gelernt.

Doch immer wieder hat sie depressive Phasen und die Angstzustände nehmen zu.

Bald ist klar, dass Ines sie liebt. Aber nicht wie eine Schwester, sondern wie ein Mann. Überhaupt hat diese Frau viel Männliches an sich. Das wirkt bei Anna.

x-(* 71 *)-x

Als ihr klar wird, dass sie sich in eine Frau verliebt hat, beginnt für sie eine innere Hölle. „Sünde, Sünde, Sünde!" schreit es in ihr.

Auch ist es ihr nicht möglich das, für eine Beziehung notwendige Vertrauen aufzubauen. Sie traut keinem Menschen und vor allem keiner Frau.

Ihr Frauenbild ist so verzerrt, dass sie einen krankhaften Selbsthass entwickelt. Das tut höllisch weh. Ihr und der Freundin. Auch die anderen Mitglieder der Wohngemeinschaft können sich nicht heraushalten aus den Konflikten, die entstehen. Viele Abende verbringt man mit Krisensitzungen, in denen es einzig und allein darum geht, wie man Anna helfen kann. Ihr fehlt jedes Gefühl für Freiheit und Freude.

Irgendjemand findet heraus, dass es eine neue Therapie für Menschen gibt, die religiösen Missbrauch erlebt haben.

Mit Hilfe dieser Freunde könnte Anna es schaffen die Traumata ihrer Kindheit zu überwinden. Auch wenn das vorerst die Trennung von allen bedeuten wird.

Gemeinsam entwickeln sie einen teuflischen Plan, wie sie an das Geld der Kirchengemeinde kommen können.

x-(* 73 *)-x

Realismus

Was ist real?

Was ich sehe?
Was ich höre?
Was ich fühle?

Was ist echt?

Was ist nachgemacht?
Was ist hausgemachtes Leid?
Was ist ureigenstes Glück?

Das Quantum Zeit,
das winzigkleine Jetzt
kann ewig lang erscheinen
und ist doch gleich Vergangenheit

x-(* 74 *)-x

Die Rede

Die Rede an die Nation
Die Rede zum Welttrauertag
Die Rede der Redner

Selten von hohem Wert
selten bewegend
selten mutig

oft nur bla bla

Aber es gibt sie
die Reden
die man nie vergisst

Man muss erst hören
dann drüber reden

Karin Hartel im Dezember 2021
als die Rede von Putin noch Zukunft war

x-(* 75 *)-x

Reden

Reden, reden, reden
besoffen vom Reden
sind sie die Redner

Reden, reden, reden
reinreden, widerreden
tun sie ohne Rücksicht

Reden, reden, reden
von sich und über andere
sie reden sich um Kopf und Kragen

Karin Hartel im Dezember 2021

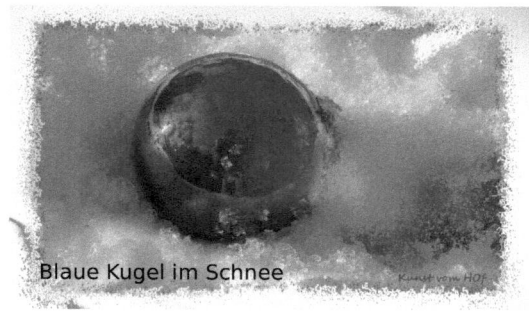

Blaue Kugel im Schnee

Sommerzauber

*Der Zauber eines Sommers,
er passt in einen Garten.*

*Beschenkt fühle ich mich,
wenn er bei uns verweilt.*

*Hedwig Brörmanns orangefarbener Rhododendron
Farbbild im Blog www.kunstvomhof.de*

Sichtweise

Du siehst Gestrüpp
vor meinem Fenster
und sagst, das müsse weg.

Ich seh die prallen, süßen Früchte,
die lange schon gegessen sind.

Ich seh die grüne Blätterfülle,
obwohl jetzt tiefer Winter ist.

Ich hör den Vogel, der dort sitzt
und mir ein Lied singt,
vom nächsten Sommer.

Du siehst Gestrüpp
vor meinem Fenster
und weißt nun,
wie wertvoll es für mich ist.

Gedicht für meine Himbeeren

x-(* 78 *)-x

Tagwerk

*Eine Geschichte
wenn auch kurz,
ein Gedicht
einfach und schlicht,
ein freundlicher Dialog
und das Tagwerk ist gelungen.*

Traumbilder

*Im Traum erlebst Du Wirklichkeit,
die in dir ist.*

Anita Hatfield

Umgang

*Guter Umgang
mit sich selbst*

*Voraussetzung
für Weltfrieden*

Birgit I. Hartl

Veränderung

Veränderung geschieht in mir
meinem Kopf
meinem Körper
meinem Gefühl

Verändert der Blickwinkel
die Wahrnehmung
die Schmerzgrenze
mein Leben

Änderst du dich
für dich
für mich
für unsere Freundschaft

x-(* 81 *)-x

Warten

Warten auf Covid

Gespanntes Warten
von Test zu Test

Aufatmen von Tag zu Tag
weil negativ jetzt positiv ist

Angstträume des Nachts
die Maske auf dem Gesicht
sogar im Traum

Gespanntes Warten
entnervendes Spiel
in dem positiv negativ ist

Wert

Was wir wieder verwerten,
vervielfacht seinen Wert.

x-(* 82 *)-x

Xing, das ist ein Ding,
da zeigst du, was du kannst.
Das Kinn ganz hoch,
die Brust heraus
und in den Hüften Schwung.

Xing, heißt die Plattform
die dich zeigt,
so wie du gerne wärst.

Hier wird Erfolg
recht groß geschrieben,
ein Titel ist viel wert.

x-(* 83 *)-x

Y

You tube

Zeitfresser
Langeweilevertreiber
Chamäleon der Unterhaltung
Unendlicher Reichtum
hirnloser Quatsch
Gefährliche
Flucht

x-(* 84 *)-x

Zeit

Auf den Schwingen der Zeit

Die Zeit sie fliegt

ich fliege mit

setz mich auf ihre Schwingen

des tags bemüht um Eleganz

des nachts ganz kühn

sehr wild und herrlich frei

x-(* 85   *)-x

Zwischenzeit

Heute ist schon morgen,
wo es gerade erst gestern war.

Frauliche
Kunst vom HOf

Danke allen Mutmachern,
denn es braucht Mut,
seine Gedanken zu veröffentlichen

Danke für die Bilder von Birgit I.Hartl, Lilo Hartl,
Rosl Aepkers, Angela Bartels, Familie Öhm, Anita
Hatfield, Sinnterieur in Sinn,
Renate Hülsmann für die mutmachenden
Blumen und Maria Hilfer für den Blitzunterricht.

*Danke,meinem geliebten Mann
für die Bäume, den Garten, den Hof, die Geduld,
für seinen besonderen Humor,
seine Großzügigkeit, seine Naturliebe, seine
Konzentrationsfähigkeit, seine Hilfsbereitschaft,
ach für Alles.*

Lilo Hartl   Lilo Hartl

Inhaltsverzeichnis von A bis Z
weil auch Wahlloses einen
roten Faden braucht

Alle Bilder in voller Schönheit findest Du
in meinem Blog
www.kunstvomhof.de/Blog/

Die Kunst lebt auch von Bildern,
die Du kaufst.
Und deshalb kannst Du jedes Bild in
schwarz weiß oder Farbe
bei mir bestellen.
Formate von 20x 20 bis 120 x 80

Das Bild „Erich spielt Klavier" kaufte ich mir
bei Birgit I.Hartl www.wirretante.de

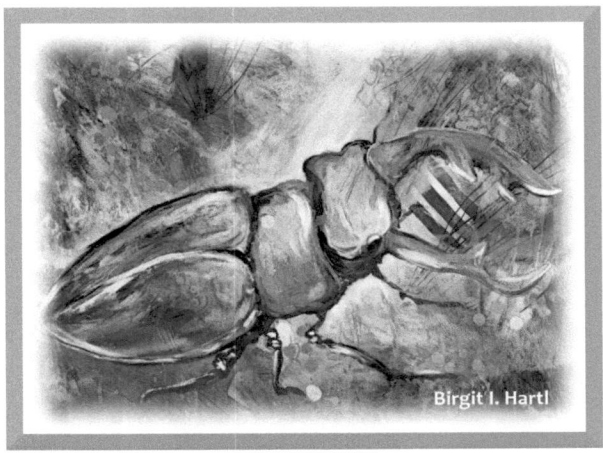

Erich, der Hirschkäfer
ziert das Cover vom nächsten
Band der Wahllosen Lyrik,
dem vierten, blauen Werk

Bis dann
Deine *Karin Hartel*